Die Steuererklärung

nach dem neuen bayerischen Gewerbsteuergesetz

Mit ausgefüllten Musterformularen und Erläuterungen.

Nach den Vorschriften des bayerischen Gewerbsteuergesetzes vom 9. Juli 1926 bearbeitet

von

Dr. Rudolf Wassermann
Rechtsanwalt und Syndikus in München.

1927

München / Berlin / Leipzig
J. Schweitzer Verlag (Arthur Sellier).

Die Steuererklärung

nach dem neuen bayerischen Gewerbsteuergesetz

Mit ausgefüllten Musterformularen und Erläuterungen.

Nach den Vorschriften des bayerischen Gewerbsteuergesetzes
vom 9. Juli 1926 bearbeitet

von

Dr. Rudolf Wassermann
Rechtsanwalt und Syndikus in München.

1927

München / Berlin / Leipzig
J. Schweitzer Verlag (Arthur Sellier).

Inhaltsverzeichnis.

Druck von Dr. F. P. Datterer & Cie., Freising-München

Einführung.[1]

I.

Der Zeitraum für die Abgabe der Gewerbsteuererklärung zur Frühjahrsveranlagung 1927.

Nach § 19 der Vollzugsbekanntmachung vom 27. August 1926 zum Gewerbsteuergesetz soll der Zeitraum für die allgemeine Abgabe der Gewerbsteuererklärung tunlichst so festgestellt werden, daß er mit dem Zeitraum für die allgemeine Abgabe der Einkommensteuer- und der Körperschaftssteuererklärungen zusammenfällt, das ist für die Frühjahrsveranlagung die zweite Hälfte des Monats Januar. Auf Antrag der Spitzenverbände hat jedoch der Reichsminister der Finanzen durch Verordnung vom 20. Januar 1927 die Präsidenten der Landesfinanzämter ermächtigt, als Frist für die allgemeine Abgabe der Einkommen- und Körperschaftssteuererklärungen (auch Umsatzsteuererklärungen) einen Zeitraum von 14 Tagen festzusetzen, der nicht vor dem 15. Februar 1927 beginnen und nicht nach dem 15. März 1927 enden darf. Für den Bezirk des Landesfinanzamtes München wurde die Frist zur Abgabe der Steuererklärungen für die Einkommen-, Körperschafts-, Umsatz-Gewerbsteuer auf die Zeit vom 1. März 1927 bis 15. März 1927 festgesetzt. Die Landesfinanzämter Nürnberg und Würzburg werden sich dieser Regelung voraussichtlich anschließen. Es erfolgt damit die Veranlagung zur Gewerbsteuer für die in Bayern betriebenen Gewerbe, deren Steuerabschnitt in der zweiten Hälfte des Kalenderjahres 1926 geendet hat oder deren Steuerabschnitt mit dem Kalenderjahr 1926 zusammengefallen ist.

II.

Aufforderung zur Abgabe einer Steuererklärung.

Vor Beginn der Steuererklärungsfrist werden die Finanzämter durch eine amtliche Bekanntmachung zur Abgabe der Gewerbsteuererklärung nochmals auffordern. In einzelnen Fällen kann das Finanzamt auf Antrag die Frist verlängern, es muß dann rechtzeitig ein Antrag auf Fristverlängerung beim Finanzamt gestellt werden. Das Finanzamt kann auch Steuerpflichtigen mit umfangreicher Buchführung — unter Vorbehalt des Widerrufs — gestatten, die Steuererklärung stets erst bis zum Ablauf des dritten Monats nach Ende des Steuerabschnitts, also in Hinblick auf die bevorstehende Veranlagung bis zum 31. März 1927 einzureichen. Eine Fristverlängerung können vor allem Erwerbsgesellschaften beantragen, wenn die Feststellung des Jahresergebnisses von der Mitgliederversammlung genehmigt werden muß und bei Ablauf der Frist diese Genehmigung noch nicht vorliegt.

---

[1]) Wegen weiterer Einzelheiten sei ein für allemal auf meinen im gleichen Verlag in 2. Auflage erschienenen Kommentar zum Gewerbsteuergesetz verwiesen.

Gleichzeitig mit der öffentlichen Aufforderung soll allen Gewerbsteuerpflichtigen, die nach Ansicht des Finanzamtes zur Abgabe einer Einkommen- oder Körperschaftssteuererklärung verpflichtet sind und denen deshalb ein entsprechender Vordruck zugeht, auch ein Vordruck zur Gewerbsteuererklärung zugesandt werden. Die Zusendung eines Vordrucks gilt als besondere Aufforderung. Sie kann formlos durch die Post oder durch Vermittlung der Gemeindebehörde erfolgen. Ein Steuerpflichtiger, der gleichzeitig von mehreren Finanzämtern zur Abgabe einer Steuererklärung aufgefordert wird, ist nur einem die Erklärung abzugeben verpflichtet; den übrigen Finanzämtern hat er mitzuteilen, welchem Finanzamt er die Steuererklärung abgegeben hat.

III.

Die Verpflichtung zur Abgabe der Gewerbsteuererklärung.

Zur Abgabe einer Gewerbsteuererklärung sind verpflichtet alle Gewerbetreibenden (Unternehmer) und zwar natürliche und juristische Personen und nicht rechtsfähige Vereinigungen, deren Steuerabschnitt zwischen dem 1. Juli 1926 und einschließlich 31. Dezember 1926 geendet hat und zwar ohne Rücksicht auf die Höhe ihres Betriebskapitals und des von ihnen im maßgebenden Wirtschaftsjahr (Steuerabschnitt) erzielten gewerblichen Reinertrags. Die zur Abgabe einer Steuererklärung Verpflichteten haben die Steuererklärung auch dann abzugeben, wenn ihnen ein Vordruck nicht zugesandt wird. Für solche Verpflichtete, denen ein Vordruck nicht zugesandt wird, liegen die Vordrucke für die Steuererklärung beim zuständigen Finanzamt oder bei der Gemeindebehörde zur Abholung auf.

IV.

Steuererklärung (Form, Umfang und Inhalt).

Die Steuererklärung ist beim Finanzamt schriftlich einzureichen oder mündlich zu Protokoll zu geben. Sie ist bei schriftlicher Einreichung unter Benützung eines Vordruckes aufzustellen und vom Gewerbetreibenden bzw. von den zur Abgabe der Erklärung verpflichteten Personen eigenhändig zu unterschreiben. Ist der Gewerbetreibende rechtlich oder tatsächlich behindert, so muß bzw. kann die Steuererklärung von seinem Vertreter abgegeben werden. Die Einsendung schriftlicher Erklärungen durch die Post ist zulässig, geschieht aber auf Gefahr des zur Abgabe der Steuererklärung Verpflichteten und deshalb zweckmäßig mittels Einschreibebriefes. Der Reichsfinanzhof faßt es nämlich als Verschulden auf, wenn ein Kaufmann trotz der Wichtigkeit eines Antrages weder den Weg der Einschreibsendung, noch den der persönlichen Abgabe gegen Empfangsbescheinigung wählt.

Bei *juristischen Personen* ist die Steuererklärung von den gesetzlichen Vertretern, bei nicht rechtsfähigen Personenvereinigungen sowie bei öffentlichen Betrieben und Verwaltungen von den Vorständen oder Geschäftsführern und, soweit solche nicht vorhanden sind, von den Mitgliedern oder Beteiligten, allenfalls von den nach § 61 Abs. 2 KStAB. als Bevollmächtigten zu behandelnden Beteiligten abzugeben. Prokuristen und Handlungsbevollmächtigte sind zur Abgabe der Erklärungen nicht berechtigt, es sei denn, daß sie als Vertreter gem. Art. 2 Abs. 3 GewStG. aufgestellt sind. Steht nach der Satzung, Stiftung oder sonstigen Verfassung die gesetzliche Vertretung nur mehreren Personen gemeinsam zu, so ist zur Abgabe der Steuererklärung die Mitwirkung der für die Gesamtvertretung vorgeschriebenen Anzahl von Personen erforderlich.

Wird ein Gewerbe von mehreren Personen gemeinschaftlich betrieben (z. B. off. Handelsgesellschaft oder Kommanditgesellschaft) so ist jeder Unternehmer zur Abgabe der Steuererklärung verpflichtet. Das Finanzamt soll sich darauf beschränken, die Abgabe der Steuererklärung von den als Vertreter zu behandelnden Personen, d. s. den zur Geschäftsführung oder Vertretung befugten Personen zu verlangen. Sind solche Personen nicht vorhanden, so haben die Beteiligten einen oder mehrere Bevollmächtigte im Inland zu bestellen. Unterlassen sie dies, so kann das Finanzamt einen oder einzelne Beteiligte als Bevollmächtigte mit Wirkung für die Gesamtheit behandeln.

Die Steuererklärung des Ehemannes muß auch die für die Besteuerung des von der Ehefrau betriebenen Gewerbes notwendigen Angaben umfassen.

Die Steuererklärung hat außer den nachstehenden Angaben:

a) die Bezeichnung der Gewerbebetriebe und der Betriebsstätten des Pflichtigen innerhalb und außerhalb des Veranlagungsorts sowie der Unternehmer und ihrer Vertreter;

b) die Angabe des Wertes der Bestandteile des Betriebskapitals im Anhalt an die Ausscheidung nach Art. 8 Abs. 2;

c) die Angabe des gewerblichen Reinertrags und nach näherer Anordnung der Vollzugsvorschriften jene Angaben, die bei den einzelnen Gewerbsarten zur verlässigen Ermittlung des Ertrags dienen;

d) die Angabe des Glaubensbekenntnisses des Pflichtigen und der Umstände, die für die Umlagenberechtigung der Gemeinden und Ortschaften maßgebend sind,

die Versicherung zu enthalten, daß die Angaben nach bestem Wissen und Gewissen gemacht sind.

Dem Steuerpflichtigen ist anheimgegeben, Steuerbefreiungs- oder Steuerermäßigungsgründe anzufügen und die seinen Angaben in der Steuererklärung zugrunde liegenden Einzelberechnungen und andere zum Verständnis seiner Angaben dienende Erläuterungen und Zusätze in die Steuererklärung oder in eine beizufügende Anlage aufzunehmen. Er kann auch auf eine abgegebene Einkommensteuer-, Körperschaftssteuer- oder Vermögenserklärung Bezug nehmen.

Steuerpflichtige, die Handelsbücher im Sinne des Handelsgesetzbuches führen, haben den Steuererklärungen die Geschäftsberichte und Jahresabschlüsse (unverkürzte Bilanzen, Gewinn- und Verlustrechnungen) für das maßgebende Wirtschafts- (allenfalls Kalender-)jahr anzufügen, soweit solche nicht bereits zur Einkommen- oder zur Körperschaftssteuerveranlagung eingereicht worden sind.

V.

Die Folgen der Unterlassung der Abgabe der Steuererklärung.

Die Folgen der Unterlassung der Abgabe der Steuererklärung sind:

a) Nach Art. 19 GewStG. kann das Finanzamt zugunsten der Staatskasse einen Zuschlag bis zu 10 v. H. der endgültig festgesetzten Steuer auferlegen.

b) Geht die Steuererklärung eines Steuerpflichtigen, der zur Abgabe einer Steuererklärung auf Grund der öffentlichen Aufforderung verpflichtet oder der hiezu besonders aufgefordert ist, nicht fristgemäß ein, so kann das Finanzamt eine nochmalige besondere Aufforderung unter angemessener Fristfestsetzung und Androhung einer Geldstrafe zusenden. Das Finanzamt kann von einer weiteren Aufforderung absehen und die Veranlagung auf Grund einer Schätzung vornehmen.

VI.

Besteuerungsmaßstab.

Die Besteuerung des Gewerbes erfolgt nach Maßgabe des Wertes des dem Unternehmen dienenden gewerblichen Betriebskapitals und nach Maßgabe des Ertrages.

a) Gewerbliches Betriebskapital.

Grundsätzlich umfaßt das Betriebskapital sämtliche dem Gewerbebetrieb gewidmeten Gegenstände und Rechte. Für die Bewertung ist der für die Vermögenssteuer per 1. Januar 1925 festgesetzte Einheitswert des Betriebsvermögens maßgebend. Siehe jedoch die untenstehend dargestellte besondere Regelung für 1926.

Zugerechnet werden aber:

1. die dem Betrieb gewidmeten, geliehenen, gemieteten und gepachteten Vermögensgegenstände (außer Grundstücken und Häusern),
2. Schulden, die von der Gründung, dem Erwerb oder der Erweiterung des Betriebskapitals herrühren.

Abgezogen wird:

1. der Wert der Grundstücke und Gebäude, soweit im Einheitswert enthalten,
2. das Vermögen außerbayerischer Filialen.

Da die Vermögenssteuer für das Jahr 1926 nicht besonders veranlagt, vielmehr zur Abgeltung der durchschnittlichen Minderung der Vermögenswerte nur in Höhe von drei Viertel des Jahressteuerbetrages für 1925 erhoben wird, hat diese reichsgesetzliche Regelung zur Folge, daß für die im Kalenderjahr 1926 endenden Steuerabschnitte bei Festsetzung der Betriebskapitalsanlage des bayerischen Gewerbsteuergesetzes der Einheitswert vom 1. Januar 1925 um ein Viertel ermäßigt wird.

b) Gewerblicher Reinertrag.

Der nach dem Reichseinkommensteuergesetz ermittelte Gewinn aus Gewerbebetrieb ist grundsätzlich gleich dem für die Gewerbsteuer maßgebenden gewerblichen Reinertrag. Dies bedeutet, daß grundsätzlich hier derselbe Betrag in die Steuererklärung einzusetzen ist, der bei Abgabe der Einkommen- bzw. Körperschaftssteuererklärung als Einkommen aus Gewerbebetrieb angesetzt worden ist.

Es ist jedoch zu beachten, daß alle mit dem gewerblichen Betrieb nicht zusammenhängenden Einnahmen und Ausgaben auszuscheiden sind. Nicht abziehbar sind also Schuldzinsen, die nicht im Gewerbebetrieb anfallen, Ausgaben für den Haushalt und für den Unterhalt von Familienangehörigen, Einkommen-, Körperschafts- und sonstige Personalsteuern. Nicht abziehbar sind auch Zinsen für das im Gewerbebetrieb angelegte eigene Vermögen. Ebenso wie das Einkommensteuergesetz unterscheidet das Gewerbsteuergesetz bei den abziehbaren Ausgaben, die für die Ermittlung des Gewinns zu berücksichtigen sind, zwischen Werbungskosten, Sonderleistungen und Schuldzinsen. Unternehmern, die den Geschäftsbetrieb in Räumen des eigenen Hauses ausüben, wird auf ihren Antrag der mit der Haussteuer veranlagte Mietertragsanschlag dieser Räume den Werbungskosten (Betriebsausgaben) zugerechnet, soweit dieser Anschlag nicht bereits beim Buchabschluß unter den Ausgaben berücksichtigt ist. Daneben dürfen Schuldzinsen, die auf die Erwerbung, Instandsetzung oder Erweiterung dieser Geschäftsräume zurückzuführen sind, nicht unter den Werbungskosten erscheinen. Die Berücksichtigung des Antrages ist von der Erbringung der erforderlichen Unterlagen und Nachweise durch den Steuerpflichtigen abhängig.

Vor Berechnung der Ertragsanlage dürfen nach Artikel 11 GewStG. auf Antrag des Steuerpflichtigen aus dem gewerblichen Betriebsgewinn diejenigen Reinerträge ausgeschieden werden, die aus Grundbesitz und Hausbesitz geflossen sind. Auch die Berücksichtigung dieses Antrages ist von Erbringung der erforderlichen Unterlagen und Nachweise durch den Steuerpflichtigen abhängig.

Wenn derartige Anträge gestellt werden, genügt eine Nachprüfung der Unterlagen, ohne daß weitschweifige Berechnungen erforderlich wären. Soweit der gewerbliche Reinertrag nur durch Schätzung ermittelt werden kann, kann der Steuerpflichtige die Schätzung des Ertrags selbst vornehmen und unter Mitteilung der Tatsachen, auf die sich seine Schätzung gründet, deren Ergebnis in die Steuererklärung eintragen oder nur die Tatsachen angeben, die er zur Ermittlung des Ertrags beizubringen vermag. (Art. 18 GewStG.)

VII.

Veranlagung der Gewerbsteuer.

Die Veranlagung der Gewerbsteuer erfolgt für einen Steuerabschnitt. Steuerabschnitt ist jener Zeitraum, der für die Veranlagung des Steuerpflichtigen zur Einkommensteuer oder zur Körperschaftssteuer maßgebend ist. Der Steuerabschnitt ist sonach für die Veranlagung der Gewerbsteuer der gleiche wie für die Veranlagung der Einkommensteuer und der Körperschaftssteuer. Nach den Bestimmungen des Einkommensteuergesetzes ist Steuerabschnitt:

1. bei Gewerbetreibenden, die Handelsbücher nach den Vorschriften des Handelsgesetzbuches zu führen verpflichtet sind oder, ohne dazu verpflichtet zu sein, Handelsbücher nach den Vorschriften des HGB. tatsächlich führen, das Wirtschaftsjahr, für das sie regelmäßig Abschlüsse machen;
2. bei den übrigen Steuerpflichtigen das Kalenderjahr.

VIII.

Ort der Veranlagung.

Die Veranlagung erfolgt an dem Orte, an dem der Gewerbsteuerpflichtige, bei einheitlicher Veranlagung eines von mehreren Personen betriebenen Gewerbes an dem Orte, an dem einer der Unternehmer zur Reichseinkommensteuer oder zur Körperschaftssteuer zu veranlagen wäre.

Für Pflichtige, die in Bayern zwar zur Gewerbsteuer, zur Reichseinkommensteuer oder Körperschaftssteuer aber außerhalb Bayerns zu veranlagen sind, liegt die Zuständigkeit bei jenem Finanzamt, in dessen Bezirk das Unternehmen betrieben wird; wird das Unternehmen in mehreren Bezirken betrieben, so ist zuständig

a) in erster Linie jenes in Bayern gelegene Amt, in dessen Bezirk sich die Leitung des Betriebes befindet,
b) in zweiter Linie jenes in Bayern gelegene Amt, in dessen Bezirk der nach Art. 2 ernannte Vertreter wohnt,
c) in letzter Linie — wenn ein Vertreter nicht bestellt ist — jenes in Bayern gelegene Amt, in dessen Bezirk sich der größere Teil des in Bayern gelegenen oder untergebrachten Vermögens befindet.

IX.

Tarif.

Aus dem Betriebskapital ist die Betriebskapitalsanlage, aus dem Ertrag die Ertragsanlage festzusetzen.

I. Die Betriebskapitalsanlage beträgt:

			vom Tausend
für die ersten	6000 *RM*	des Wert des steuerbaren gewerblichen Betriebskapitals.	0.75
für die folgenden	4000 *RM*		0.80
für weitere	10000 *RM*		0.85
für weitere	10000 *RM*		0.90
für weitere	10000 *RM*		0.95
für weitere	10000 *RM*		1.00
für weitere	10000 *RM*		1.20
für die weiteren Beträge			1.50

II. Die Ertragsanlage beträgt:

			vom Hundert
für die ersten	3000 RM	des steuerbaren gewerblichen Reinertrags	0.25
für die folgenden	2000 RM		0.50
für weitere	2000 RM		0.75
für weitere	2000 RM		1.00
für weitere	2000 RM		1.10
für weitere	1000 RM		1.20
für weitere	1000 RM		1.30
für weitere	1000 RM		1.40
für weitere	16000 RM		1.50
für weitere	20000 RM		1.60
für weitere	70000 RM		1.70
für die weiteren Beträge			1.90

Das steuerbare gewerbliche Betriebskapital ist auf volle Tausend, der steuerbare gewerbliche Reinertrag auf volle Hundert nach unten abzurunden. Die hiernach sich berechnende Betriebskapitalsanlage und Ertragsanlage sind ebenfalls auf volle Reichsmark nach unten abzurunden.

Zu der aus diesen beiden Bestandteilen zusammengesetzten Gesamtgewerbsteuer wird bis auf weiteres ein Zuschlag von 100 v. H. erhoben.

Bei Gewerbetreibenden, deren Betriebskapital nicht mehr als 5000 RM beträgt, bleibt die Betriebskapitalsanlage und bei solchen, deren Reinertrag nicht mehr als 1000 RM beträgt, die Ertragsanlage außer Ansatz.

---

1. Teil.

Die Gewerbsteuererklärung

der Einzelpersonen (einschließlich der offenen Handelsgesellschaften).

(Das amtliche Formular — ausgefüllt.)

Finanzamt *München III*

Stadt / Gemeinde *München*

Steuernummer *6/147* [1])

Wohin haben Sie die Vorauszahlungen auf die Gewerbsteuer geleistet?

Finanzamt München III [2])

Unter welcher Steuer-Nr.?

6/147

Wo wohnten Sie am 10. Okt. 1926? [3])

Karolinenpl. 46

München

(Ort, Straße, Hausnummer)

Natürliche Personen.

Anlage 4 (zu § 21 Abs. VII)

Zur Beachtung.

1. Diese Steuererklärung ist bis zum .... 1927 beim Finanzamt München III ausgefüllt und eigenhändig unterschrieben einzureichen. **Die Zusendung dieses Vordrucks gilt zugleich als Aufforderung zur Abgabe einer Steuererklärung.**

2. Die Steuererklärungen sind für selbständig zu veranlagende Personen, die unter elterlicher Gewalt, Vormundschaft oder Pflegschaft stehen, von den Inhabern der elterlichen Gewalt, vom Vormund oder Pfleger abzugeben. Wer durch Abwesenheit oder sonst verhindert ist, die Steuererklärung abzugeben, kann die Erklärung durch Bevollmächtigte abgeben lassen. Die schriftliche Vollmacht ist der Steuererklärung beizufügen, sofern sie nicht bereits zu den Akten des Finanzamts gegeben ist. Für einen Steuerpflichtigen, der vor Abgabe einer Steuererklärung verstorben ist, ist die Steuererklärung, soweit ein Testamentsvollstrecker oder ein Nachlaßpfleger die Verwaltung des Nachlasses übernommen hat, von diesen Personen, im übrigen von den Erben abzugeben.

3. **Bei verspäteter Abgabe der Steuererklärung kann ein Zuschlag bis zu 10 v. H. der endgültig festgesetzten Steuer auferlegt werden. Die Abgabe der Steuererklärung kann durch Geldstrafen (§ 202 AO.) erzwungen werden.**

4. **Sämtliche Fragen sind zu beantworten. Nichtzutreffendes ist durchzustreichen.**

5. Alle Einnahmen aus Gewerbebetrieb im Steuerabschnitte müssen angegeben werden, gleichviel, ob sie noch weiterbestehen oder in der Zwischenzeit in Fortfall gekommen sind. Auch Einnahmen, die aus irgend einem Grunde für steuerfrei gehalten werden, sind — mit entsprechender Erläuterung — anzugeben. **Die Prüfung, was steuerpflichtig ist und was nicht, steht dem Finanzamt, nicht dem Steuerpflichtigen zu.**

Steuererklärung

für die Veranlagung zur Gewerbsteuer für — 19*26* — 19...... /19......

des *Arthur Müller*

geb. am *12. Oktober 1888* und seiner Ehefrau *Elisabeth*, geborenen *Reich*

Ich wohnte am Ende des Steuerabschnitts in *München*, *Karolinen* ~~Straße~~ Platz Nr. *46*; ich bin *evangelischer* Religion; meine Ehefrau ist *evangelischer* Religion. [4]) (Die Religionszugehörigkeit ist wegen der Kirchenumlagen genau zu bezeichnen).

Mein Wirtschaftsjahr (Steuerabschnitt) [5]) — 19*26* 19...... /19...... — hat begonnen am 1. Januar 19*26* — .... 19...... —, geendet am 31. Dezember 19*26* — .... 19...... —*)

a) Ich bin Inhaber des nachbezeichneten Gewerbebetriebs (anzugeben nach Firma, Art des Betriebs und Ortslage des Betriebs, Straße und Hausnummer).

Einzelhandelsfirma, Arthur Müller, Eisenhandlung, München,

Karolinenplatz 46

Verkaufsläden — ständige Niederlagen zum Warenverkauf — werden unterhalten in (anzugeben Ort, Straße und Hausnummer)

1 Verkaufsfiliale [6]) *in München, Theresienstr. 104*

Meine Firma ist im Handelsregister — ~~nicht~~ — eingetragen.

b) Meine Ehefrau [7]) .... ist Inhaberin des nachbezeichneten Gewerbebetriebs (anzugeben nach Firma, Art des Gewerbes und Ortslage des Betriebs, Straße und Hausnummer)

....

Verkaufsläden — ständige Niederlagen zum Warenverkauf — werden unterhalten in (anzugeben Ort, Straße und Hausnummer)

....

---

*) Hat der Steuerpflichtige mehrere Betriebe mit verschiedenen Wirtschaftsjahren, so sind die Wirtschaftsjahre der einzelnen Betriebe gesondert anzugeben. Gleiches gilt bei Verschiedenheit der Wirtschaftsjahre des Ehemannes und der Ehefrau bei einem von letzterer selbständig ausgeübten Gewerbebetrieb. Nichtzutreffendes ist zu durchstreichen.

Die Firma ist im Handelsregister — nicht — eingetragen.

c) Mein minderjähriges Kind — meine minderjährigen Kinder — ....
ist — sind — Inhaber des nachbezeichneten Gewerbebetriebs (anzugeben nach Firma, Art des Gewerbes und Ortslage des Betriebs, Straße und Hausnummer).

....

Verkaufsläden — ständige Niederlagen zum Warenverkauf — werden unterhalten in (anzugeben Ort, Straße und Hausnummer).

....

Die Firma ist im Handelsregister — nicht eingetragen.

I. Gewerbliches Betriebskapital.[8])

Das gewerbliche Betriebskapital, d. h. der Wert der sämtlichen dem Gewerbebetrieb gewidmeten eigenen oder anderen Personen gehörigen Gegenstände und Rechte — jedoch mit Ausnahme der Gebäude und Grundstücke[9]) und der in § 26 Abs. 4 mit § 38 Abs. 1 Nr. 1 Satz 2, 3 und § 39 Nr. 6, 9 und 10 des Reichsbewertungsgesetzes bezeichneten Vermögensbeträge, Forderungen und Vermögensteile[10]) — setzt sich ohne Schuldenabzug[11]) zusammen wie folgt: — RM

a) Wert der Roh- und Hilfsstoffe einschließlich der in Bearbeitung befindlichen Stoffe, ferner der zum Verkaufe bestimmten Vorräte an Erzeugnissen und Waren *19500*

b) Wert der Vorräte an barem Gelde, Papiergeld, Wechseln, Wertpapieren, vom Gewerbebetriebe herrührenden Ausstände einschließlich der Kontokorrentguthaben *5600*

c) Wert aller sonstigen dem Gewerbebetrieb gewidmeten Gegenstände und Rechte, z. B. Wert der benützbar gemachten Wasserkräfte nebst den dazu gehörigen Wasserbauten und Anlagen, der Mineralquellen, der Maschinen, Werkzeuge, Gerätschaften, Vorräte an Beheizungs- und Beleuchtungsmaterial, der für den Gewerbebetrieb bestimmten Tiere und Futtervorräte, etwaiger Realgewerbeberechtigungen, Patentrechte usw.[12]) *600*

Summe des gewerblichen Betriebskapitals: *25700*

II. Gewerblicher Reinertrag*)[13])

1. Gewinn einschließlich aller Entnahmen aus dem bezeichneten Gewerbebetrieb *4400*
Beizufügen ist, wenn nicht bereits mit der Einkommensteuererklärung vorgelegt, die Schlußbilanz nebst Gewinn- und Verlustrechnung für das maßgebende Wirtschaftsjahr (Abschreibungen für Wertminderungen oder Neubildung von Reserven sind, soweit nicht aus den Bilanzen ersichtlich, in einer Anlage besonders darzulegen). Ist nach den gesetzlichen Vorschriften die Berichtigung einzelner Posten der handelsrechtlichen Bilanz notwendig oder zulässig, so kann der Steuerpflichtige diese Berichtigungen in der Bilanz selbst oder in einer besonderen Anlage hierzu vornehmen, oder er kann eine Steuerbilanz aufstellen, in der die Berichtigungen berücksichtigt sind. Im letzteren Falle hat er die Steuerbilanz mit der handelsrechtlichen Bilanz einzureichen. Wenn der gewerbliche Gewinn nicht auf Grund von kaufmännischer Buchführung ermittelt ist, ist die Berechnung oder Schätzung des Gewinns zu erläutern.
Wie hoch waren die Barentnahmen?[14]) *4000* RM
Wie hoch war der Wert der Naturalentnahmen?[15]) .... RM
Hiervon ab:

.Werbungskosten (Betriebsausgaben), soweit nicht bereits unter 1) berücksichtigt
Unter den Werbungskosten[16]) sind enthalten — in Ziff. 1 abgezogen — ~~nicht abgezogen~~**)

a) Im Gewerbebetrieb angefallene Schuldzinsen (einzeln, nötigenfalls in einer Beilage auszuweisen) — *aus Inanspruchnahme von Warenbezugskredit* *100* RM

b) Im maßgebenden Wirtschaftsjahr (Steuerabschnitt) bezahlte Ertragsteuern, Kreis- und Gemeindeumlagen, insoweit sie zum Gewerbebetrieb in wirtschaftlicher Beziehung stehen: *260* RM
Art der Steuer usw. und Tag der Zahlung sind in einer Beilage anzugeben.

---

*) Die Angaben über den Reinertrag, das Betriebskapital und die Kapitalschulden (Ziff. I, II und IV) sind für den Betrieb des Ehemannes, einen selbständigen Betrieb der Ehefrau (Buchst. a und b Seite 1 oben) und allenfallsige Betriebe von Kindern (Buchst. c Seite 1 oben) von einander getrennt zu halten, also gesondert auszuweisen. **) Nichtzutreffendes ist zu durchstreichen.

c) Umsatzsteuer, insoweit sie im Gewerbebetrieb angefallen und bezahlt ist: .... *150 RM* *RM*

d) Mehraufwendungen im Haushalte, welche durch eine Erwerbstätigkeit der Ehefrau im Gewerbebetrieb erwachsen sind: .... *RM* *300*

Die Art der Aufwendungen ist kurz zu bezeichnen *Anstellung eines Dienstmädchens*

e) **Nur** für Unternehmer, welche den Geschäftsbetrieb **in Räumen des eigenen Hauses in Miethaussteuergemeinden** ausüben:[17])

Solche Unternehmer **können** unter Vorlage der erforderlichen Unterlagen und Nachweise **beantragen**, daß der mit der Haussteuer veranlagte Mietertrag dieser Räume den Werbungskosten zugerechnet wird, soweit dieser Anschlag nicht bereits beim Buchabschluß unter den Ausgaben, berücksichtigt ist. Daneben **dürfen Schuldzinsen**, die auf die Erwerbung Instandsetzung oder Erweiterung dieser Geschäftsräume zurückzuführen sind, **nicht unter den Werbungskosten abgezogen werden.**

Stellen Sie diesen Antrag? *ja*

Wenn ja, wie hoch ist der mit der Haussteuer veranlagte Mietertragsanschlag (Friedensmiete) dieser Räume? *1200*

Der Antrag kann nur berücksichtigt werden, wenn die erforderlichen Unterlagen und Nachweise durch den Steuerpflichtigen beigebracht werden. Die Zahl der beigelegten Unterlagen und Nachweise ist hier zu verzeichnen *Bestätigung des Grund- und Hausbesitzervereins*

Sind die Angaben unter Ziff. 1 und 2 geschätzt oder ziffernmäßig nachweisbar? (Antwort) *Ziffernmässig nachweisbar durch die Buchführung*

3. Sonderleistungen, soweit sie zum Gewerbebetrieb in wirtschaftlicher Beziehung stehen und im maßgebenden Wirtschaftsjahr (Steuerabschnitt) bezahlt worden sind (insbesondere Umlagen der Religionsgesellschaften und Religionsgemeinden) *10 Mk.*[18]) ....

Die Art der Sonderleistungen und der Zeitpunkt ihrer Zahlung sind in einer Beilage anzugeben Summe der Abzüge (2—4):[19]) *1740*

Steuerbarer gewerblicher Reinertrag: *2660*

4. Der Steuerpflichtige **kann** — unter Vorlage der erforderlichen Unterlagen und Nachweise — **beantragen**, daß vor der Berechnung der Ertragsanlage aus dem gewerblichen Betriebsgewinn diejenigen **Reinerträge** ausgeschieden werden, die aus Grundbesitz und Hausbesitz geflossen sind.[20])

Stellen Sie diesen Antrag? *ja*

Wenn ja, wie hoch ist der aus Grund- und Hausbesitz geflossene, in dem oben angegebenen gewerblichen Ertrag enthaltene Reinertrag? . *240*

Der Antrag kann nur berücksichtigt werden, wenn die erforderlichen Unterlagen und Nachweise durch den Steuerpflichtigen beigebracht werden. Die Zahl der beigelegten Unterlagen und Nachweise ist hier zu verzeichnen *Bestätigung des Mieters N. N.*

Die Reinerträge müssen um die bereits unter Ziff. 1 und 2 abgezogenen Werbungskosten (insbesondere auch Grund- und Haussteuern) gekürzt sein.

III. Steuerausscheidung.[21])

Zum Zwecke der Umlagenerhebung ist die Gewerbsteuer auf nachstehende Gemeinden auszuscheiden:

	Es entfallen auf die Gemeinden:				
	v. H.	v. H.	v. H.	v. H.	v. H.
a) Von dem gewerblichen Betriebskapital ohne Schuldenabzug					
b) Von dem gewerblichen Reinertrag nach Verhältnis: . . .					
1. der erzielten Roheinnahmen*)					
2. der Ausgaben an Gehältern und Löhnen**)					

*) Bei Versicherungs-, Bank- und Kreditunternehmungen. **) Bei allen übrigen Betrieben.

IV. **Kapitalschulden** [23]) *RM*

Wie groß sind die Kapitalschulden, d. h. die gewerblichen Geschäftsschulden, die aus der Inanspruchnahme von Warenbezugskredit oder Bankkredit oder sonst unmittelbar aus dem laufenden Geschäftsbetriebe herrühren: *1200*

(Schulden, die von der Gründung, Erwerbung oder Erweiterung des Geschäfts herrühren, gehören nicht hierher. Für den Grundstückshandel, zu vgl. die Sondervorschriften im Art. 8 Abs. IV des Gewerbsteuergesetzes).

Die Betriebskapitalbestandteile unter I a) bis c) und die abzugsfähigen Schulden sind mit dem Stand und Wert anzusetzen, mit dem sie in der letzten dem Finanzamt eingereichten Vermögenserklärung und in der ihr beigefügten Vermögensaufstellung angegeben wurden. Die anderen Personen als dem Unternehmer gehörigen Gegenstände und Rechte, die in jener Vermögenserklärung nicht enthalten sind, sind mit dem Stand und Wert einzusetzen, der für sie nach den Vorschriften des Reichsbewertungsgesetzes anzusetzen wäre, wenn sie im maßgebenden Zeitpunkt im Eigentum des Unternehmers gestanden wären. Hat der Steuerpflichtige eine Vermögenserklärung nicht abgegeben, so sind die Betriebskapitalsbestandteile und die abzugsfähigen Schulden mit dem Stand und Wert einzusetzen, mit dem sie im Falle des Bestehens einer Verpflichtung zur Abgabe einer Vermögenserklärung in diese einzusetzen gewesen wären (zu vgl. die der Vermögenserklärung beigegebene Anleitung zu ihrer Ausfüllung).

Die zufolge der Vorschriften in § 26 Abs. 4 mit § 38 Abs. 1 Nr. 1 Satz 2, 3 und § 39 Nr. 6, 9 und 10 des Reichsbewertungsgesetzes [23]) außer Ansatz bleibenden Vermögensbeträge, Forderungen und Vermögensteile sind in einer Beilage einzeln näher zu bezeichnen.

Ich versichere hiermit, daß die vorstehenden Angaben nach bestem Wissen und Gewissen gemacht sind.

München, den *5. März* *1927*

Arthur Müller

Eigenhändige Unterschrift
(Vor- und Zunahme des Steuerpflichtigen)

Steuererklärungen ohne Unterschrift gelten als nicht abgegeben.

Etwaige sonstige Bemerkungen über die Aufstellung und Berechnung des gewerblichen Reinertrags [24]) und des gewerblichen Betriebskapitals usw.: Bei offenen Handelsgesellschaften und einfachen Kommanditgesellschaften sowie bei sonstigen gewerblichen Unternehmungen mit Beteiligung mehrerer: Benennung der Gesellschafter und der Beteiligten, ferner bei Gesellschaften Angabe von Sitz und Ort der Leitung, bei Gemeinschaften von Name und Wohnort des Geschäftsführers oder Vertreters (Straße? Hausnummer?)

. . . .

. . . .

Bei Erträgen, die nur durch Schätzung zu ermitteln sind, genügt es nach Art. 18 des Gewerbesteuergesetzes, statt der ziffermäßigen Angaben die zur Schätzung benötigten tatsächlichen Nachweisungen (Merkmale) aufzunehmen. Als solche gelten z. B.:

Bei kleineren gewerblichen Betrieben vor allem Bezeichnung des Gewerbes, dann Umfang und Art der zum Gewerbebetriebe verwendeten Räumlichkeiten, die Mengen der verbrauchten Hilfsstoffe und der hergestellten und abgesetzten Erzeugnisse, Art und Zahl der im Gebrauche stehenden Maschinen, Verwendung etwaiger mechanischer Kräfte (Wasser, — Dampf, — elektrische Kraft), Zahl der im Betriebe verwendeten fremden Personen und deren durchschnittliche Entlohnung, Zahl der im Betriebe tätigen Familienangehörigen, deren Lebensalter und Entlohnung, Zahl und Art der im Betriebe verwendeten Tiere, Umsatz, Art und Umfang etwaiger Nebenbetriebe, Absatzgebiete, etwaige Verwertung von Patenten, Erwerbspreis und Verkaufswert des Geschäfts, Schuldenbelastung, Zahl der geschlachteten Tiere bei Metzgereien, Zahl der verkauften Viehstücke (Groß- und Kleinvieh) bei Viehhändlern usw.

Anmerkungen.

1. Angabe der Steuernummer:

Diese Angabe ist notwendig, da sie dem Finanzamt die Auffindung der von dem Gewerbsteuerpflichtigen geleisteten Vorauszahlungen in der Sollkartei gestattet und soweit die Anrechnung der Vorauszahlungen auf die Steuerschuld (Art. 10) erleichtert.

2. Angabe der Finanzkasse, an die Vorauszahlungen für 1926 geleistet worden sind:

Wichtig im Falle des Wohnungswechsels im Laufe des Jahres 1926, da dann von seiten des bisher zuständigen Finanzamts eine Überweisung an das nunmehr zuständige Finanzamt erfolgt.

3. Angabe der Wohnung vom 10. Oktober 1926 (Tag der Personenstandsaufnahme):

Das Finanzamt kann daraus ersehen, bei welchem Finanzamt der betreffende Steuerpflichtige bisher veranlagt worden ist und in welchen Listen des betreffenden Finanzamtes er aufgeführt ist.

4. Angabe des Glaubensbekenntnisses:

Die gesetzlich vorgeschriebene Angabe des Glaubensbekenntnisses in den Steuererklärungen soll die Grundlage bieten für die Erhebung der Umlagen der Religionsgesellschaften und Religionsgemeinden. (Religionsgesellschaftliches Steuergesetz vom 1. Oktober 1923 GVBl. S. 351).

5. Steuerabschnitt. (S. hierüber Einführung VII S. 7.)

6. Angabe der Filiale:

Werden von einem Gewerbetreibenden zum Zwecke des Absatzes der Erzeugnisse des eigenen Geschäftsbetriebs oder zur Ausdehnung eines Handelsgewerbes mehr als ein Verkaufsladen oder mehr als eine ständige Niederlage zum Warenverkaufe gehalten, so ist für jeden weiteren Verkaufsladen und jede weitere ständige Niederlage die Betriebskapitalsanlage um einen Zuschlag von fünf vom Hundert zu erhöhen. (Art. 6 Abs. IV.)

7. Veranlagung der Ehegatten:

Art. 5 Abs. I stellt den Grundsatz auf, daß mit dem Gewerbe des Ehemanns ein von dessen Ehefrau selbständig betriebenes Gewerbe ohne Rücksicht auf den ehelichen Güterstand einheitlich zu veranlagen ist. Die Ehefrau ist bei bestehender Ehe für ein von ihr selbständig betriebenes Gewerbe nur dann selbständig zu veranlagen, wenn sie dauernd vom Ehemann getrennt lebt.

8. Gewerbliches Betriebskapital: (S. hierüber Einführung VI a S. 6 und S. 4 des Formulars „IV Kapitalschulden".)

9. Ausscheidung der Grundstücke und Gebäude:

Immobilien scheiden als einer Ertragssteuer, nämlich der Grund- und Haussteuer unterworfen, zur Vermeidung der Doppelbesteuerung für die Berechnung der gewerblichen Betriebskapitalsanlage — also im Gegensatz zum Reichsbewertungsgesetz — aus. (Art. 8 Abs. I.) S. hierzu auch Einführung VI a S. 6.

10. Nicht zum Betriebskapital gehörige Vermögensbeträge, Forderungen und Vermögensteile:

Nach § 26 Abs. IV RBewG. gehören zum Betriebsvermögen nicht:

Werke der bildenden Kunst, des Schrifttums und der Tonkunst, soferne sie im Eigentum des Urhebers selbst oder im Falle des Todes des Urhebers im Eigentum seiner Ehefrau oder seiner Kinder stehen. Das gleiche gilt für Urheberrechte an solchen Werken und für nicht patentierte Erfindungen, es sei denn, daß die Urheberrechte oder Erfindungen einem Dritten gegen die Verpflichtung zur einmaligen oder wiederholten Bezahlung fester Beträge auf bestimmte oder unbestimmte Zeit zur Ausnutzung übertragen sind.

11. Nichtabzug der Schulden:

Die Angabe des Betriebskapitals ohne Schuldenabzug ist deshalb vorgeschrieben, weil sich nach Art. 8 Abs. III die Abzugsfähigkeit auf jene Kapitalschulden, die aus dem laufenden Geschäftsbetrieb einschl. der Inanspruchnahme von Warenbezugs- oder Bankkredit herrühren, beschränkt, während das Reichsbewertungsgesetz für die Vermögenssteuer einen weitergehenden Schuldenabzug zuläßt. Aus diesem Grunde sind zur Erleichterung der Nachprüfung durch das

Finanzamt die gewerblichen Geschäftsschulden auf S. 4 des Formulars gesondert anzugeben.

12. Ausscheidung der Bestandteile des Betriebskapitals:

Die Angabe des Wertes der Bestandteile des Betriebskapitals im Anhalt an die Ausscheidung nach Art. 8 Abs. II gründet sich auf die Vorschrift im Art. 17 über den Inhalt der Steuererklärung.

13. Gewerblicher Reinertrag: (S. hierüber Einführung VIb S. 7.)

14. Erwähnung der Barentnahmen:

Die Barentnahmen sind nach dem Reichseinkommensteuergesetz (§ 12 Abs. II) dem Gewinn hinzuzurechnen. Durch die Angabe der Höhe der Barentnahmen ergibt sich für das Finanzamt die Kontrolle, ob die Entnahmen den angegebenen Gewinn übersteigen.

15. Erwähnung der Naturalentnahmen:

Die zu Ziff. 14 angegebenen Erwägungen sind auch hier maßgebend.

16. Abzug der Werbungskosten:

I. Die Werbungskosten, d. h. die zur Erwerbung, Sicherung und Erhaltung der Einkünfte gemachten Aufwendungen sind, soweit sie nicht bereits in den zur Einkommensteuererklärung abgegebenen Schriftstücken (Schlußbilanz usw.) berücksichtigt sind, abzugsfähig. Art. 10 Abs. II ergänzt die Vorschrift im Art. 16 EStG. zur Beseitigung von Zweifeln durch besondere Erwähnung jener Aufwendungen, die vom Standpunkt des bayerischen Gewerbsteuergesetzes aus jedenfalls zu den Werbungskosten zu rechnen sind, wozu insbesondere gehören:

a) Schuldzinsen, die im Gewerbebetrieb anfallen. Es ist darauf zu achten, daß für die Ermittlung des gewerblichen Reinertrags nur solche Zinsen zum Abzug zugelassen werden, die auf Schulden entfallen, die im Gewerbebetrieb entstanden sind.

b) Bezahlte Ertragssteuern, Kreis- und Gemeindeumlagen, soweit sie zum Gewerbebetrieb in wirtschaftlicher Beziehung stehen. Bei der Beratung des Gewerbsteuergesetzes vom 27. Juli 1921 im Ausschuß für den Staatshaushalt des bayerischen Landtages bestand Übereinstimmung darüber, daß die Ertragssteuern mit jenem Betrag als Abzugsposten einzustellen sind, der in dem für die Steuerveranlagung maßgebenden Jahr (nunmehr Steuerabschnitt) tatsächlich verausgabt worden ist.

c) Umsatzsteuer, soweit sie im Gewerbebetrieb angefallen und bezahlt ist:

Die Umsatzsteuer ist bei den buchführenden Kaufleuten bereits in der Einkommensteuerbilanz berücksichtigt. Die ausdrückliche Erwähnung dient lediglich der Verdeutlichung.

d) Mehraufwendungen im Haushalte, die durch eine Erwerbstätigkeit der Ehefrau im Gewerbebetrieb erwachsen sind:

Diese Mehraufwendungen sind ausdrücklich als abzugsfähig anerkannt, obwohl eine entsprechende Vorschrift im Einkommensteuergesetz vom 10. August 1925 nicht mehr enthalten ist. Es ist besonders zu beachten, daß eine Abzugsfähigkeit nur für solche Aufwendungen gegeben ist, die ausschließlich durch eine Erwerbstätigkeit der Ehefrau in dem zu besteuernden Gewerbebetrieb notwendig wurden. Im Zweifel hat der Steuerpflichtige die Notwendigkeit solcher Mehraufwendungen glaubhaft darzutun.

II. Nichtabzugsfähige Ausgaben:

a) die sämtlichen nicht im Gewerbebetrieb anfallenden Schuldzinsen,

b) die zur Bestreitung des Haushalts des Steuerpflichtigen und zum Unterhalte seiner Familienangehörigen aufgewendeten Beträge, sowie sonstige Personalsteuern,

c) die vom Steuerpflichtigen entrichtete Einkommensteuer, Körperschaftssteuer,

d) Zinsen für das im Gewerbebetrieb angelegte eigene Vermögen des Steuerpflichtigen.

17. Zurechnung des Nutzwertes der haussteuerpflichtigen eigenen Geschäftsräume zu den Betriebsausgaben:

S. hierüber Einführung VIb S. 7.

18. Abzug der Sonderleistungen:

Bei der Ermittelung des gewerblichen Reinertrags sind nicht nur die Werbungskosten einschl. der Schuldzinsen, die im Gewerbebetrieb anfallen, abzugsfähig, sondern auch die Sonderleistungen im Sinne des § 17 Abs. I Nr. 5 EStG. Die Abzugsfähigkeit der Umlagen der Religionsgesellschaften und Religionsgemeinden ist daher in Art. 10 Abs. III ausdrücklich anerkannt; sie beschränkt sich jedoch auf die Umlagen zu den Ertragssteuern.

19. Zusammenzählung der Abzüge:

Es können selbstverständlich, wie bereits erwähnt, nur diejenigen „Werbungskosten usw." bei der Gewerbsteuer als Abzugsposten berücksichtigt werden, die bei der Einkommensteuer noch nicht abgezogen wurden. Im Beispiel kommen als Abzugsposten lediglich in Frage:

a) Die Mehraufwendungen im Haushalte, die durch die Erwerbstätigkeit der Ehefrau im Gewerbebetrieb erwachsen sind mit	300 Mk.
b) bei entsprechendem Nachweis der mit der Haussteuer veranlagte Mietertrag der Geschäftsräume des eigenen Hauses mit	1200 Mk.
c) die Reinerträge, die lt. Ziff. 4 aus Grund- und Hausbesitz zugeflossen sind mit	240 Mk.
	1740 Mk.

(Es ist nicht recht erklärlich, warum im Formular die Summe der Abzüge vor der Ziff. 4 anzugeben ist.)

20. Ausscheidung der Reinerträge aus Grund- und Hausbesitz aus dem gewerblichen Betriebsgewinn:

S. hierüber Einführung VI b S. 7.

Der Gewerbsteuerpflichtige unseres Beispiels hat an N. N. einen Keller zum Preise von jährlich 360 Mk. vermietet. Nach Abzug aller Spesen einschl. Ertragssteuer nebst Umlagen und religionsgesellschaftlichen Umlagen verbleibt ein Reinertrag von 240 Mk.

21. Steuerausscheidung zum Zwecke der Umlagenerhebung:

Werden in verschiedenen Gemeinden mehrere Betriebsstätten eines unter die Gewerbsteuer fallenden Gewerbes unterhalten, so ist jede dieser Gemeinden anteilweise umlagenberechtigt. Die Ausscheidung geschieht in folgender Weise:

a) Die Betriebskapitalsanlage wird nach dem Werte der in den einzelnen Gemeinden befindlichen Bestandteile des Betriebskapitals ausgeschieden.
b) Die Ausscheidung der Ertragsanlage erfolgt nach den Grundsätzen der § 25 und 26 des FinAusglGes.

22. Kapitalschulden:

Nur die aus der Inanspruchnahme von Warenbezugskredit oder Bankkredit sowie alle sonstigen unmittelbar aus dem laufenden Geschäftsbetrieb herrührenden Kapitalschulden dürfen abgezogen werden. Im übrigen ist der Schuldenabzug an dem Werte des Betriebskapitals nicht gestattet. Siehe hiezu die Ausführungen zu Ziff. 11.

23. Außer Ansatz bleibende Vermögensbeträge, Forderungen und Vermögensteile: S. Ziff. 10.

24. Die Steuererklärung der offenen Handelsgesellschaften und Kommanditgesellschaften:

Es wäre unbedingt notwendig gewesen, für die Gewerbsteuererklärung der offenen Handelsgesellschaften und Kommanditgesellschaften ein besonderes Steuerformular herzustellen, da das für Einzelpersonen anzuwendende Formular für diese Gesellschaftsformen in der Ausfüllung gewisse Schwierigkeiten bietet.

Nach Art. 4 Abs. I ist das Gewerbe, auch wenn es von mehreren Personen gemeinschaftlich betrieben wird, einheitlich als ein einziges Gewerbe zu veranlagen. Das gilt insbesondere für die offenen Handelsgesellschaften und für die einfachen Kommanditgesellschaften. Zu den Einkünften aus Gewerbebetrieb gehören neben dem Anteil am Geschäftsgewinn der Gesellschaft auch etwaige besondere Vergütungen, die der Gesellschafter für Mühewaltungen im Interesse der Gesellschaft von dritter Seite bezieht, z. B. in seiner Eigenschaft als Geschäftsführer, für Provisionen, Aufwandsentschädigungen, für gelegentliche Tätigkeit usw. (§ 29 Ziff. III EStG.) Ein Gehalt für den persönlich haftenden Gesellschafter ist nur eine Form von Gewinnverteilung, daher Einkommen aus Gewerbebetrieb.

2. Teil.

Die Gewerbsteuererklärung

der Erwerbsgesellschaften u. öffentlichen Betriebe u. Verwaltungen.

(Das amtliche Formular — ausgefüllt.)

Vorbemerkung.

Das nachfolgende amtliche Formular für Erwerbsgesellschaften usw. ist für ein industrielles Unternehmen ausgefüllt, das am 1. Januar 1925 folgende Bilanz zur Vermögenserklärung abgegeben hat:

(Wegen Kürzung der Einheitswerte für die Festsetzung der Betriebskapitalsanlage um 1/4 siehe Einführung VI a S. 6.)

a) Besitzteile:

1.	Grundbesitz- und Gebäude-Konto .	833 070.—
2.	Maschinen uud Oefen-Konto . .	448 500.—
3.	Vorräte-Konto	542 387.81
4.	Kassa- und Postscheck-Konto . .	27 125.82
5.	Wechsel- und Scheck-Konto . .	13 502.44
6.	Wertpapiere-Konto	14 920.—
7.	Debitoren-Konto	526 728.99
		2 406 235.06

b) Verbindlichkeiten:

8.	Aktienkapital-Konto	1 500 000.—
9.	Gesetzl. Reserve-Konto	150 000.—
10.	Darlehens-Konto	80 153.02
11.	Kreditoren-Konto	529 184.73
		2 259 337.75

An den bilanzmäßigen Aktiven zu dürfen abgesetzt werden:		2 406 235.06
a) als Schuldenabzug gemäß Art. 8 Abs. III		
Die Posten 10:	80 153.02	
Die Posten 11:	529 184.73	
b) als nicht zum Betriebskapital gehörige Gegenstände und Rechte gem. Art. 8 Abs. I		
der Posten 1:	833 070	1 442 407.75
es bleibt als steuerbares Betriebskapital:		963 827.31

Für andere Fälle bleibt noch folgendes zu beachten:

a) Die Höchstgrenze für den Kapitalschuldenabzug ist stets die Summe des umlaufenden Betriebskapitals.

b) Unzulässig ist der Abzug von Kapitalschulden vom Werte des Betriebskapitals. Demgemäß können Kapitalschulden, die aus der Gründung, Erwerbung oder dauernden Erweiterung des Betriebes herrühren, nicht abgezogen werden. Die Anlagewerte werden also auch besteuert, wenn sie unter Aufnahme von Schuldenkapitalien, d. h. mit fremden Mitteln beschafft wurden.

c) Bei Erwerbsgesellschaften, die ein Gewerbe betreiben, ist davon auszugehen, daß alle in den Aktiven ausgewiesenen Gegenstände und Rechte „Betriebskapital" im Sinne des GStG. sind; dagegen können die auf der Passivseite ausgewiesenen Posten (s. jedoch die Ausnahme unter d) z. B. das Aktienkapital einer Aktiengesellschaft und das gesetzliche Reservekonto gemäß § 261 Ziff. 5 HGB. niemals Bestandteil des Betriebskapitals sein, sondern nur das, was mit dem einbezahlten Aktienkapital angeschafft worden ist, und auf der Aktivseite der Bilanz erscheint.

d) Unzulässig ist der Abzug des auf der Passivseite vorgetragenen Reingewinns für das laufende Geschäftsjahr, da der Reingewinn überhaupt nicht zum steuerbaren Betriebskapital gehört.

e) Die Ausnahmen nach § 27 RBewG. (Schachtelprivileg) in Verbindung mit der Erweiterung auf Grund §§ 14—16 des Steuermilderungsgesetzes haben zur Folge, daß die Beteiligung der Muttergesellschaft an der Tochtergesellschaft unter gewissen Voraussetzungen nicht zum steuerbaren Betriebskapital der Muttergesellschaft gerechnet wird.

Finanzamt *München III*

Stadt / Gemeinde *München*

Steuernummer *1273*

Wohin hat das Unternehmen die Vorauszahlungen auf die Gewerbsteuer für den Steuerabschnitt *1926* geleistet?

Finanzamt München III

Unter welcher Steuer-Nr.?
1273

Anlage 5
(zu § 21 Abs. VII)

Erwerbsgesellschaften und öffentliche Betriebe und Verwaltungen.

Zur Beachtung.

1. Diese Steuererklärung ist bis zum .... 192.... beim Finanzamt............ ausgefüllt und eigenhändig unterschrieben einzureichen. Die Zusendung dieses Vordrucks gilt zugleich als Aufforderung zur Abgabe einer Steuererklärung.
2. Die Steuererklärung ist von den gesetzlichen Vertretern abzugeben und zu unterzeichnen. Prokuristen, soweit sie nicht gesetzliche Vertreter oder nach Art. 2 Abs. III des Gewerbsteuergesetzes bestellte Vertreter sind, und Handelsbevollmächtigte sind zur Abgabe der Steuererklärung nicht befugt.
3. Bei verspäteter Abgabe der Steuererklärung kann ein Zuschlag bis zu 10 v. H. der endgültig festgesetzten Steuer auferlegt werden. Die Abgabe der Steuererklärung kann durch Geldstrafen (§ 202 A.O.) erzwungen werden.
4. Sämtliche Fragen sind zu beantworten. Nichtzutreffendes ist durchzustreichen.
5. Die Prüfung, was steuerpflichtig ist und was nicht, steht dem Finanzamt, nicht dem Steuerpflichtigen zu.
6. Der Steuererklärung sind die Bilanz mit Gewinn- und Verlustrechnung, der Jahresbericht und das Generalversammlungsprotokoll beizufügen, soweit sie nicht bereits mit der Steuererklärung für die Körperschaftsteuerveranlagung dem Finanzamt eingereicht worden sind.

Steuererklärung

für die Veranlagung zur Gewerbesteuer für — 19*26* [2]) — .... / ....

d*er* (Firma) *Richard Mayer, A.-G., Schokoladenfabrik*

in (Ort der Leitung) [3]) *München* *Burg* Straße Nr. *32*

(Sitz) *München*

Gesetzlicher Vertreter: (Name) [4]) *Vorstandsmitglieder Paul Huber und Josef Gruber*

Wohnung *München* *Ohmstr. 8* *Karlstr. 5*

Ort, Straße, Nr.

Das Wirtschaftsjahr hat begonnen am *1. Januar 1926*

Das Wirtschaftsjahr hat geendet am *31. Dezember 1926*

Am Schluß des Wirtschaftsjahrs war der Ort der Leitung in *München*

Der Abschluß für das Wirtschaftsjahr ist von den zuständigen Organen genehmigt worden am *2. Februar 1927*

Gegenstand des Unternehmens ist *Herstellung u. Verkauf v. Schokoladen usw. an Großhändler*

Verkaufsläden — ständige Niederlagen zum Warenverkauf — werden unterhalten in (anzugeben Ort, Straße u. Hs.-Nr.) ....

Abschrift des Gesellschaftsvertrags in der zurzeit gültigen Fassung — ist bereits eingereicht — wird beigefügt —

I. Gewerbliches Betriebskapital. [5])

Das gewerbliche Betriebskapital, d. h. der Wert der sämtlichen dem Gewerbebetrieb gewidmeten eigenen oder anderen Personen gehörigen Gegenstände und Rechte — jedoch mit Ausnahme der Gebäude und Grundstücke [6]) und der in § 26 Abs. 4 mit § 38 Abs. 1 Nr. 1 Satz 2, 3 und § 39 Nr 6, 9 und 10 des Reichsbewertungsgesetzes bezeichneten Vermögensbeträge, Forderungen und Vermögensteile [7]) — setzt sich ohne Schuldenabzug zusammen wie folgt: *RM*

a) Wert der Roh- und Hilfsstoffe einschließlich der in Bearbeitung befindlichen Stoffe, ferner der zum Verkaufe bestimmten Vorräte an Erzeugnissen und Waren *542 387.81*

b) Wert der Vorräte an barem Gelde, Papiergeld, Wechseln, Wertpapieren, vom Gewerbebetriebe herrührenden Ausstände einschl. der Kontokorrentguthaben *582 277.25*

c) Wert aller sonstigen dem Gewerbebetrieb gewidmeten Gegenstände und Rechte, z. B. Wert der benützbar gemachten Wasserkräfte nebst den dazu gehörigen Wasserbauten und Anlagen, der Mineralquellen, der Maschinen, Werkzeuge, Gerätschaften, Vorräte an Beheizungs- und Beleuchtungs-

Übertrag: 1 124 665.06

RM

Übertrag: 1 124 665.06

material, der für den Gewerbebetrieb bestimmten Tiere und Futtervorräte, etwaiger Realgewerbeberechtigungen, Patentrechte usw.[9]) . . . 448 500.—

Summe des gewerblichen Betriebskapitals: 1 573 165.06

II. Gewerblicher Reinertrag[10])

A. Gewinn.

1. Der Bilanzgewinn (=verlust) des vorbezeichneten Wirtschaftsjahrs ohne den Gewinnvortrag des Vorjahres beträgt . ... RM
Infolge Bilanzberichtigung sind
a) zuzusetzen . . . . "
b) abzusetzen . . . . "
berichtigter Bilanzgewinn (=verlust) . . . .
2. Dazu treten folgende Beträge, soweit sie den Bilanzgewinn gemindert haben:
a) *a)* Unzulässige oder zu hohe Absetzungen für Abnutzung (§ 13 KStG., § 16 Abs. 3 EStG.) . . . . "
b) Unzulässige oder zu hohe Absetzungen für Substanzverringerung (§ 13 KStG., § 16 Abs. 4 EStG.) . . .. "
c) Unzulässige oder zu hohe Abschreibungen (§ 13 KStG., § 20 Abs. 1 EStG.) . . . . "
b) Aufwendungen zur Verbesserung und Vermehrung des Vermögens, zur Geschäftsbegründung und zu Geschäftserweiterungen, zu Kapitalanlagen, zur Schuldentilgung oder zu Ersatzbeschaffungen (§ 17 Nr. 1 KStG.) . ...
c) *a)* Die im vorbezeichneten Wirtschaftsjahre geleisteten Vorauszahlungen an Personalsteuern (z. B. Körperschaftsteuer einschl. Steuerabzug vom Kapitalertrag, Vermögensteuer) — § 17 Nr. 3 KStG. — . . . . "
b) Sonstige im vorbezeichneten Wirtschaftsjahre geleisteten Zahlungen an Personalsteuern (z. B. die für das Vorjahr entrichtete Körperschaftsteuer=Abschußzahlung, soweit sie nicht einer nachweisbar versteuerten Rücklage entnommen sind . . . . "
c) Rücklagen für Personalsteuern . . . . " ....
d) Vergütungen jeder Art, die an Mitglieder des Aufsichtsrats und an sonstige zur Überwachung der Geschäftsführung verfassungsmäßig bestellte Persouen (z. B. Mitglieder des Grubenvorstandes, des Gewerkschaftsrates, des Verwaltungsrates) gewährt worden sind (§ 17 Nr. 4 KStG.) . . . .
e) Sonstige nicht unter §§ 14, 15 KStG., § 15 Abs. 1 Nr. 3, § 16 EStG. fallende Aufwendungen, Rücklagen, Schenkungen, sonstige freiwillige Zuwendungen an Dritte usw. . . . .
f) ....
g) ....

Summe A ....

B. Außer Ansatz bleibende Einkünfte.

Im Bilanzgewinn (II a 1) sind folgende Posten enthalten und daher abzuziehen:
1. Bei öffentlichen Betrieben nnd Verwaltungen im Sinne des § 2 Nr. 3 KStG. die Einkünfte
a) aus Land= und Forstwirtschaft . . . . RM
b) aus Kapitalvermögen mit Ausnahme der im § 83 des EStG. bezeichneten Kapitalerträge . ... "
c) aus Vermietung und Verpachtung von unbeweglichem Vermögen und von landwirtschaftlichem Inventar . . . . "
d) aus der zeitlich begrenzten Überlassung von Rechten an Grundstücken, von Gefällen und der Ausübung der Jagd und Fischerei . . .. "
(§ 11 Nr. 1 KStG.)
2. Bei öffentlichen oder dem öffentlichen Verkehre dienenden Sparkassen, die sich nicht auf die Pflege des eigentlichen Sparkassenverkehrs beschränken:
der Teil der Einkünfte, der auf den eigentlichen Sparkassenverkehr entfällt, mit Ausnahme der im § 83 des EStG. bezeichneten Kapitalerträge . . . . RM
(§ 11 Nr. 2 KStG.)

Übertrag: .... RM

Übertrag: .... RM RM

3. Bei Erwerbsgesellschaften und öffentlichen Betrieben und Verwaltungen im Sinne des § 2 Nr. 3 KStG., die nachweislich seit Beginn des vorbezeichneten Wirtschaftsjahrs ununterbrochen mindestens ein Viertel der gesamten Aktien, Anteile usw. einer anderen unbeschränkt oder beschränkt steuerpflichtigen Erwerbsgesellschaft besitzen: die auf die bezeichneten Aktien, Anteile usw. entfallenden Gewinnanteile jeder Art[11]) . . . . RM

(§ 11 Nr. 3 KStG.)

Diese anderen Erwerbsgesellschaften (Tochtergesellschaften) sind:

....

....

....

4. Die Reinerträge, die aus Grund- und Hausbesitz[12]) geflossen sind: (Diese Reinerträge bleiben jedoch bei der Gewerbsteuerveranlagung nur dann außer Ansatz, wenn dies ausdrücklich beantragt wird und wenn die erforderlichen Unterlagen und Nachweise durch den Steuerpflichtigen beigebracht werden. Werbungskosten, die bereits bei der Ermittlung des Bilanzgewinns abgezogen wurden, [insbesondere Grund- und Haussteuer] dürfen in den Reinerträgen nicht mehr enthalten sein.) . . . . „

Summe B .... „

C. Abzüge*).

Abzuziehen sind folgende Beträge, da sie — wie hiermit versichert wird — nicht schon vor der Ermittlung des Bilanzgewinns (II a) berücksichtigt sind:

(Die Art der Abzüge ist genau zu bezeichnen, z. B.: „Von der Generalversammlung bewilligte Tantiemen an 3 Vorstandsmitglieder".)

1. .... „
2. .... „
3. .... „
4. .... „

Summe C .... „

Hierzu Summe B .... „

Nach Abzug der Summe B und C in Höhe von ....

von Summe A verbleibt ein steuerbarer gewerblicher Reinertrag[13]) von 146 897.31

III. Zu versteuerndes Mindesteinkommen[a])

(§ 10 Abs. 2 KStG.).

1. Summe der an Mitglieder des Aufsichtsrates für das vorbezeichnete Wirtschaftsjahr gewährten Vergütungen jeder Art (vgl. II A 1 2 d)[b]) (§ 17 Nr. 4 KStG.) . . . . RM
2. Summe der an Mitglieder des Vorstands und Angestellte in leitender Stellung für das vorbezeichnete Wirtschaftsjahr ohne vertragliche Bindung gezahlten Tantiemen, Entschädigungen, Belohnungen . . . . „
3. Summe der für das vorbezeichnete Wirtschaftsjahr ausgeschütteten Gewinnanteile, sofern sie nicht aus Vermögen stammen, das bei seinem Entstehen in den letzten drei Jahren der Körperschaftsteuer unterlegen hat . . .. „

Summe III .... „

a) Diese Gewinnausschüttungen waren am .... 19.......... fällig.

b) Von ihnen ist der Steuerabzug vom Kapitalertrag in Höhe von .... RM .... Pf. einbehalten und am .... 19.......... an die Finanzkasse .... durch Ueberweisung — Zahlkarte — Postanweisung — Scheck —[c]) abgeführt worden.

---

*) Unternehmer, welche den Geschäftsbetrieb in Räumen des eigenen Hauses in Miethaussteuergemeinden ausüben, dürfen den mit der Miethaussteuer veranlagten Mietertragsanschlag (Friedensmiete) dieser Räume hier abziehen. Der Abzug wird jedoch bei der Gewerbsteuerveranlagung nur dann berücksichtigt, wenn er ausdrücklich beantragt wird und wenn die erforderlichen Unterlagen und Nachweise durch den Steuerpflichtigen beigebracht werden.

a) Der Abschnitt III ist auch dann auszufüllen, wenn im Abschnitt II ein Gewinn ausgewiesen ist.

b) Hierzu gehören auch Tagegelder, Reisegelder und sonstige Aufwandsentschädigungen, soweit sie den im Einzelfall erforderlichen Aufwand übersteigen.

c) Nichtzutreffendes ist zu durchstreichen.

e) Der Steuerabzug vom Kapitalertrag ist aus einer Gewinnausschüttung von ....ℛℳ ....Pf. unterblieben[a])..

IV. Steuerausscheidung.[14])

Zum Zwecke der Umlagenerhebung ist die Gewerbesteuer auf nachstehende Gemeinden auszuscheiden.

	Es entfallen auf die Gemeinden:				
	v. H.	v. H.	v. H.	v. H.	v. H.
a) Von dem gewerblichen Betriebskapital ohne Schuldenabzug .					
b) Von dem gewerblichen Reinertrag nach Verhältnis:					
1. der erzielten Roheinnahmen*)					
2. der Ausgaben an Gehältern und Löhnen**)					

V. Kapitalschulden.[15])

ℛℳ

Wie groß sind die Kapitalschulden, d. h. die gewerblichen Geschäftsschulden, die aus der Inanspruchnahme von Warenbezugskredit oder Bankkredit oder sonst unmittelbar aus dem laufenden Geschäftsbetriebe herrühren? *Darlehens- und Kreditoren-Konto* *609 337.75*

(Schulden, die von der Gründung, Erwerbung oder Erweiterung des Geschäfts herrühren, gehören nicht hierher. Für den Grundstückshandel, die Pfandbriefanstalten, Darlehenskassen, Kreditinstitute und Versicherungsanstalten zu vgl. die Sondervorschriften im Art. 8 Abs. II Ziff. 6 Abs. III, IV des Gewerbsteuergesetzes).

Welchen Gesamtwert haben die nach §§ 27, 28 Abs. 2 des Reichsbewertungsgesetzes mit §§ 14, 16 des Gesetzes über Steuermilderungen zur Erleichterung der Wirtschaftslage vom 31. März 1926 (Reichsgesetzblatt I S. 185) zulässigen Abzüge[16]) ....

(zu vgl. die der Vermögenserklärung beigefügten Anleitung)

Wofür sind die Abzüge im einzelnen vorgenommen? ....
....

(hier genügt allenfalls ein Hinweis auf die Vermögenserklärung).

Die Betriebskapitalbestandteile unter I a) bis c) und die abzugsfähigen Schulden sind mit dem Stand und Wert anzusetzen, mit dem sie in der letzten dem Finanzamt eingereichten Vermögenserklärung und in der ihr beigefügten Vermögensaufstellung angegeben wurden. Die anderen Personen als dem Unternehmer gehörigen Gegenstände und Rechte, die in jener Vermögenserklärung nicht enthalten sind, sind mit dem Stand und Wert einzusetzen, der für sie nach den Vorschriften des Reichsbewertungsgesetzes anzusetzen wäre, wenn sie im maßgebenden Zeitpunkt im Eigentum des Unternehmers gestanden wären. Hat der Steuerpflichtige eine Vermögenserklärung nicht abgegeben, so sind die Betriebskapitalsbestandteile und die abzugsfähigen Schulden mit dem Stand und Wert einzusetzen, mit dem sie im Falle des Bestehens einer Verpflichtung zur Abgabe einer Vermögenserklärung in diese einzusetzen gewesen wären (zu vgl. die der Vermögenserklärung beigegebene Anleitung zu ihrer Ausfüllung).

Die zufolge der Vorschriften in § 26 Abs. 4 mit § 38 Abs. 1 Nr. 1 Satz 2, 3 und § 39 Nr. 6, 9 und 10 des Reichsbewertungsgesetzes außer Ansatz bleibenden Vermögensbeträge, Forderungen und Vermögensteile sind in einer Beilage einzeln näher zu bezeichnen.[17])

Ich (Wir) versichere(n) hiermit, daß die vorstehenden Angaben nach bestem Wissen und Gewissen gemacht sind.

München, den *5. März* 19*27*

Steuererklärungen ohne Unterschrift gelten als nicht abgegeben.

gez. Paul Huber, gez. Josef Gruber

(Unterschriften der zur Abgabe der Steuererklärung Verpflichteten)

a) Angabe der Gründe erforderlich: z. B. „weil die (Firma) .... in .... an die dieser Gewinn ausgeschüttet worden ist, an dem Grundkapital der Gesellschaft (.............. ℛℳ.) seit Beginn des Steuerabschnitts mit .... ℛℳ. beteiligt ist" oder „weil es sich um Ausschüttung von Anteilen einer Gesellschaft mit beschränkter Haftung handelt."

*) Bei Versicherungs-, Bank- und Kreditunternehmungen.

**) Bei allen übrigen Betrieben.

Anmerkungen.

1. Als Erwerbsgesellschaften gelten nach § 4 Körperschaftssteuergesetz ohne Rücksicht auf die Art ihres Betriebs Aktiengesellschaften, Kommanditgesellschaften auf Aktien, Kolonialgesellschaften, bergbautreibende rechtsfähige Vereinigungen und nicht rechtsfähige Berggewerkschaften, Gesellschaften mit beschränkter Haftung und Genossenschaften, ferner sonstige Personenvereinigungen mit wirtschaftlichem Geschäftsbetriebe, deren Zweck vorwiegend die Erzielung wirtschaftlicher Vorteile für sich oder ihre Mitglieder ist.

Nach Art. 3 GewStG. sind unter anderem gewerbsteuerfrei:

a) die Genossenschaften und Wirtschaftsverbände einschl. der Vorschuß- und Kreditgenossenschaften, wenn sie ausschließlich und unmittelbar der land- und forstwirtschaftlichen oder der gewerblichen Produktion oder der besseren Verwertung der eigenen Erzeugnisse ihrer Mitglieder dienen, sofern sie die ihrem Zwecke entsprechende Tätigkeit auf den Kreis ihrer Mitglieder beschränken,

b) die übergeordneten Verbände solcher Genossenschaften, auch wenn sie für sich als übergeordneter Verband eine der Begriffsbestimmung des Gesetzes über die Erwerbs- und Wirtschaftsgenossenschaften nicht entsprechende Rechtsform angenommen haben,

c) die gemeinnützigen Baugenossenschaften. Nicht als gemeinnützig gelten Baugenossenschaften, die satzungsgemäß die Einzahlungen der Mitglieder mit mehr als fünf vom Hundert verzinsen oder den Mitgliedern mehr als die Einzahlungen ausantworten.

Genossenschaften und übergeordnete Verbände, die einen gewerblichen Gewinn anstreben, fallen nicht unter die Befreiung.

Diese Regelung weicht bewußt ab von der im Körperschaftssteuergesetz (§ 4 und § 11 Nr. 4) getroffenen Regelung der Steuerpflicht und Steuerbefreiung der Erwerbs- und Wirtschaftsgenossenschaften, wonach sich die Steuerpflicht auf einen Gewerbebetrieb der Genossenschaften nicht erstreckt, wenn sie den Geschäftsbetrieb auf den Kreis der Mitglieder beschränken. Die Befreiung der Genossenschaften von der Körperschaftssteuer erstreckt sich demgemäß bei Beschränkung des Geschäftsbetriebs auf den Kreis der Mitglieder, auch auf die sog. Konsumvereine, d. h. Vereine zum gemeinsamen Ankauf von Lebens- und hauswirtschaftlichen Bedürfnissen im großen und Ablaß im kleinen. Für die Landesertragssteuer — Gewerbsteuer — ist es beim bisherigen Rechte verblieben, wonach die ausnahmsweise Vergünstigung der Steuerbefreiung nur den Genossenschaften, die die ausschließliche und unmittelbare Förderung des Erwerbs (nicht der Hauswirtschaft) ihrer Mitglieder durch gemeinschaftlichen Geschäftsbetrieb bezwecken, zustehen soll. Die Konsumvereine fallen daher nach wie vor nicht unter die Befreiungsbestimmung des Art. 3 Abs. I Ziff. 6.

2. Steuererklärung für die Frühjahrsveranlagung 1927.

Der weitaus größte Teil, nämlich etwa 80 v. H. aller Einkommen- und Körperschaftssteuerpflichtigen und zwar diejenigen, bei denen der Steuerabschnitt mit dem Kalenderjahr zusammenfällt oder bei denen der Steuerabschnitt in der zweiten Hälfte des Kalenderjahres (d. h. in der Zeit vom 1. Juli bis 30. Dezember) endet, haben zum 2. Mal seit Inkrafttreten des neuen Einkommen- und Körperschaftssteuergesetzes vom 10. August 1925 Steuererklärungen für die Frühjahrsveranlagung 1927 abzugeben. Für die bayerische Gewerbsteuer, die für das Kalenderjahr 1925 nicht allgemein, sondern nur auf besondere Aufforderung abzugeben war, wird nunmehr für das Kalenderjahr 1926 auf Grund des neuen Gewerbsteuergesetzes vom 9. Juli 1926 allgemein für alle Gewerbsteuerpflichtigen die Veranlagung durchgeführt.

3. Ort der Leitung:

Als Ort der Leitung ist der Ort anzusehen, an dem sich der Mittelpunkt der gesamten geschäftlichen Oberleitung befindet.

4. Gesetzlicher Vertreter:

Nach § 231 HGB. wird die AG. durch den Vorstand gerichtlich und außergerichtlich vertreten. Der Vorstand kann aus einer oder mehreren Personen bestehen.

5. Gewerbliches Betriebskapital:

Mit Rücksicht darauf, daß die Vorschriften über die Betriebskapitals- und Ertragsanlage für die Erwerbsgesellschaften in gleicher Weise wie für natürliche Personen gelten, kann hier auf die Einführung VI a S. 6, desgleichen auf die Ausführungen auf S. 17 und 18 verwiesen werden.

6. Ausscheidung der Grundstücke und Gebäude:

Siehe hierüber Ausführungen zu den Erläuterungen Nr. 9 S. 14.

7. Nicht zum Betriebskapital gehörige Vermögensbeträge, Forderungen und Vermögensteile:

S. hierüber Ausführungen zu den Erläuterungen Nr. 10 S. 14.

8. Nichtabzug der Schulden:

S. hierüber Ausführungen zu den Erläuterungen Nr. 11 S. 14.

9. Ausscheidung der Bestandteile des Betriebskapitals:

S. hierüber Ausführungen zu den Erläuterungen Nr. 12 S. 15.

10. Gewerblicher Reinertrag:

S. hierüber Ausführungen zu den Erläuterungen Nr. 13 S. 15.

Ergänzend ist zu bemerken, daß der nunmehr folgende Vordruck vollständig gleichlautend mit dem Körperschaftssteuererklärungsvordruck Muster 6 a (vgl. § 62 Abs. 3 Satz 1 KStAB., abgedruckt in der amtl. Ausgabe der Ausführungsbestimmungen S. 53) ist.

Die gewerbsteuerpflichtigen Erwerbsgesellschaften brauchen daher lediglich die verlangten Erklärungen im Formular „II Gewerblicher Reinertrag" und „III Zu versteuerndes Mindesteinkommen" aus der von ihnen abgegebenen Körperschaftssteuererklärung zu entnehmen.

11. S. hiezu die ergänzenden Ausführungen zur Vermögensaufstellung Buchstabe e) S. 18.

12. S. hierüber Ausführungen zu den Erläuterungen Nr. 20 S. 16.

13. Die zu veranlagende Aktiengesellschaft erzielte per 31. Dezember 1926 einen Reinertrag von 146 897.31, der, da er nach den steuerrechtlichen Vorschriften ermittelt wurde, nicht zu beanstanden ist.

14. S. hierüber Ausführungen zu den Erläuterungen Nr. 21 S. 16.

15. S. hierüber Ausführungen zu den Erläuterungen Nr. 22 S. 16.

16. § 27 RBewG. mit §§ 14, 16 des Gesetzes über Steuermilderungen zur Erleichterung der Wirtschaftslage vom 31. März 1926 behandelt die Beteiligung der Muttergesellschaft an dem Vermögen der Tochtergesellschaft, siehe hierüber die ergänzenden Ausführungen zur Vermögensaufstellung Buchstabe e) S. 18; § 28 Abs. 2 RBewG. behandelt die Sondervorschrift für Versicherungsunternehmungen und Genossenschaften.

17. S. hierüber Ausführungen zu den Erläuterungen Nr. 10 S. 14.

Beispiele für die Berechnung der Gewerbsteuer.

Berechnung der Gewerbsteuer für das Beispiel in Formular auf S. 10.

I. Summe des gewerblichen Betriebskapitals	25 700.—
Abzugsfähige Kapitalschulden	1 200.—
Gewerbliches Betriebskapital:	24 500.—
Kürzung des Einheitswertes um 1/4 (S. S. 6) =	6 125.—
Verbleibt ein steuerbares gewerbliches Betriebskapital von	18 375.—
Abzurunden auf	18 000.—
Die Betriebskapitalanlage beträgt lt. Tarif	14.—
II. Gewerblicher Reinertrag	2 660.—
Abzurunden auf	2 600.—
Die Ertragsanlage beträgt lt. Tarif	6.—
Die Summe der Betriebskapitalsanlage zu	14.—
Die Summe der Ertragsanlage zu	6.—
Ergibt die staatliche Gewerbsteuer zu	20.—
Hiezu Staatszuschlag nach Art. 7 Abs. 4 100 % =	20.—
Hiezu kommen ferner:	
zumeist 400 % Gemeindeumlagen aus der Staatssteuer	80.—
50 % Kreisumlage	10.—
10 % Kirchensteuer	2.—
	132.—

Berechnung der Gewerbsteuer für das Beispiel in Formular auf S. 19.

I. Summe des gewerblichen Betriebskapitals	1 573 165.06
Abzugsfähige Kapitalschulden	609 337.75
Gewerbliches Betriebskapital	963 827.31
Kürzung des Einheitswertes um 1/4 (S. S. 6)	240 956.83
Verbleibt ein steuerbares gewerbliches Betriebskapital von	722 870.48
Abzurunden auf	722 000.—
Die Betriebskapitalsanlage beträgt lt. Tarif	1 049.—
II. Gewerblicher Reinertrag	146 897.31
Abzurunden auf	146 800.—
Die Ertragsanlage beträgt lt. Tarif	2 372.—
Die Summe der Betriebskapitalsanlage zu	1 049.—
Die Summe der Ertragsanlage zu	2 372.—
Ergibt die staatliche Gewerbsteuer zu	3 421.—
Hiezu Staatszuschlag nach Art. 7 Abs. 4 100 % =	3 421.—
Hiezu kommen ferner:	
zumeist 400 % Gemeindeumlagen aus der Staatssteuer	13 684.—
50 % Kreisumlage	1 710.—
10 % Kirchensteuer	342.—
	22 578.—

FSC
www.fsc.org
MIX
Papier | Fördert gute Waldnutzung
FSC® C083411

Kolibri 360 GmbH
Ferdinand-Jühlke-Straße 7
99095 Erfurt, Deutschland
produktsicherheit@kolibri360.de